Sammlung Außerdeutscher Strafgesetzbücher in deutscher Übersetzung

Neu herausgegeben von Professor Dr. Adolf Schönke †, fortgesetzt von Professor Dr. Hans-Heinrich Jescheck und Landgerichtsrat Dozent Dr. Gerhard Kielwein, Institut für ausländisches und internationales Strafrecht, Universität Freiburg i. Br.

LXVIII.

Das Dänische Kriminalgesetzbuch für Grönland

Berlin 1955

Walter de Gruyter & Co.

vormals G. J. Göschen'sche Verlagshandlung · J. Guttentag, Verlagsbuchhandlung · Georg Reimer · Karl J. Trübner · Veit & Comp.

Das
Dänische Kriminalgesetzbuch für Grönland
vom 5. März 1954

Übersetzt und mit einer Einleitung versehen von

Senatspräsident a. D.

Dr. jur. Franz Marcus

Kopenhagen

Gedruckt mit Unterstützung der Gesellschaft für Rechtsvergleichung

Berlin 1955

Walter de Gruyter & Co.

vormals G. J. Göschen'sche Verlagshandlung · J. Guttentag, Verlagsbuchhandlung · Georg Reimer · Karl J. Trübner · Veit & Comp.

Archiv-Nr. 246355 / 68
Satz und Druck: Thormann & Goetsch · Berlin SW 61

Inhaltsverzeichnis

Zweiter Teil
Von den Rechtsfolgen der Delikte

Erster Abschnitt: Allgemeine Bestimmungen

Zweiter Abschnitt: Die einzelnen Maßregeln

Einleitung

Grönland, seit 1721 dänische Kolonie, ist durch die Verfassung vom 5. Juni 1953 Bestandteil des Reiches geworden. Es war bis vor kurzem ein geschlossenes Land, in dem die dänischen Gesetze nicht galten, das aber selbst auch keine geschriebenen Gesetze hatte. So war auch das Strafrecht unkodifiziert — es beruhte auf mündlicher Überlieferung.

Die geographischen, sozialen, wirtschaftlichen und kulturellen Verhältnisse Grönlands sind von denen Dänemarks durchaus verschieden. Die mehr als 2 Millionen Quadratkilometer große, zu neun Zehntel von ewigem Eis bedeckte Insel ist nur an den langgestreckten Küsten bewohnbar und außerordentlich dünn besiedelt. Sie zählt 22 000 Einwohner, von denen mehr als 90 Prozent in Westgrönland leben. Die Bevölkerung, ursprünglich aus Eskimos bestehend, hat sich im Laufe der Jahrhunderte stark mit den Kolonisatoren vermischt. Haupterwerbszweig, zunächst auf Naturalwirtschaft eingestellte Robbenjagd, ist jetzt die Fischerei auf geldwirtschaftlicher Grundlage.

Mit der Erschließung des Landes wurde im Jahre 1950 durch eine Reihe von Gesetzen ein Anfang gemacht. Durch das Rechtspflegegesetz vom 14. Juni 1951 wurde die Gerichtsorganisation auf eine neue Grundlage gestellt. Es fungieren Amtsgerichte, die ausschließlich mit Laienrichtern besetzt sind, und ein Landgericht, das aus dem Landrichter — dem einzigen juristisch vorgebildeten Richter des Landes — und zwei Laienbeisitzern besteht.

Die neue staatsrechtliche Stellung und der wirtschaftliche und kulturelle Aufschwung des Landes machten die Kodifizierung des Strafrechts unerläßlich. Sie ist erfolgt durch das Kriminalgesetzbuch für Grönland vom 5. März 1954, in Kraft seit dem 15. Juni 1954.

Der Rechtszustand zur Zeit der Kodifikation kann in großen Zügen dahin beschrieben werden, daß der Kreis der strafwürdigen Handlungen sich unter dem Einfluß der Kolonisation im Laufe der Zeit dem der nach dänischem Recht strafbaren Handlungen angeglichen hatte, daß aber die Sanktionen ihre Sonderart bewahrt hatten: maßgebend war nach grönländischer Auffassung stets in erster Linie die individuelle und soziale Situation des Täters. Freiheitsstrafen gab es nicht, waren auch praktisch nicht durchführbar, da es keine Gefängnisse gab und gibt. Auch bei schwereren Straftaten wurden oft nur Geldstrafen verhängt, daneben kamen Verbot des Aufenthalts an bestimmten Orten, Zwangsarbeit für die Gemeinde, öffentliche Verweise oder Ausschluß von gewissen Vergünstigungen in Frage. Der Gedanke der Ausschließung des strafbar Gewordenen aus der Gemeinschaft war dem Grönländer fremd. Gegenseitige Solidarität und Hilfsbereitschaft, die schweren Lebensbedingungen, die Härte des Polarklimas, das oft zu völliger Isolierung bewohnter Plätze führt, die riesigen Entfernungen und mangelnden Kommunikationen, schließlich auch der Mangel an Arbeitskraft — all das wirkte zusammen, um die Rechtsfolgen einer strafbaren Handlung so erträglich, aber auch so zweckmäßig wie möglich zu gestalten.

Das Gesetz hat den grönländischen Rechtszustand im großen und ganzen so kodifiziert, wie es ihn vorfand, wobei sich eine erstaunliche Übereinstimmung mit modernen kriminalpolitischen Bestrebungen ergibt. Es ist im dänischen Staatsministerium, d. h. dem Ministerium des Ministerpräsidenten — nach dänischem Sprachgebrauch „Staatsminister" — in enger Zusammenarbeit mit den grönländischen Behörden, deren Wünsche in allen wesentlichen Punkten berücksichtigt worden sind, ausgearbeitet worden und gilt vorläufig nur für Westgrönland, kann aber durch königliche Anordnung mit den etwa erforderlichen Erleichterungen auf die weniger entwickelten Gebiete Nord- und Ostgrönlands ausgedehnt werden.

Das Gesetz zerfällt in zwei Teile: „Von den Delikten" und „Von den Rechtsfolgen der Delikte". Der Schwerpunkt liegt auf letzterem: das Gesetz „straft" nicht, sondern trifft „Maßregeln", die im einzelnen im § 85 aufgezählt werden. Daß diese Maßregeln — namentlich Geldbuße und Zwangsarbeit — auch Strafcharakter haben können, wird nicht verkannt, aber man hat doch herausstellen wollen, daß das Sanktionssystem in erster Linie nicht der Bestrafung, sondern der Behandlung des Rechtsbrechers und der Vermeidung weiterer Konflikte mit der Rechtsordnung diene. So ist der Ausdruck „Strafe" überall vermieden — auch im Titel des Gesetzes.

Von diesen Maßregeln wissen die Deliktstatbestände des ersten Teils nichts: jedes einzelne Delikt kann je nach Lage des Falles und den für die Zumessung gegebenen Richtlinien jede Maßregel — allein oder in Verbindung mit anderen — nach sich ziehen. Die Deliktstatbestände sagen nur, daß und weswegen der Täter „verurteilt" wird — wozu, ist Sache des Richters, der, „wo die Umstände dafür sprechen", von der Anordnung einer Maßregel auch ganz absehen kann (§ 86 Abs. 1).

Die allgemeinen Bestimmungen des ersten Teils beschränken sich auf wenige Paragraphen. An der Spitze steht wie im dänischen Strafgesetzbuch der Satz: nullum crimen sine lege, und zwar in der Fassung, daß die im Gesetz vorgesehenen Maßregeln nur für ein Verhalten verhängt werden können, das gesetzlich umschrieben[1]) ist (§ 1). Im Gegensatz zum bisherigen gesetzlosen Zustand, bei dem die Grenzen zwischen dem, was strafbar war und was nicht, flüssig waren, muß es sich also um einen gesetzlich fest umschriebenen Tatbestand handeln, wobei es gleichgültig ist, ob dies im Kriminalgesetzbuch oder in anderen Gesetzen geschehen ist, da die allgemeinen Bestimmungen des Kriminalgesetzbuchs auch für die Nebengesetzgebung gelten. Daneben ist aus dem dänischen Recht die Bestimmung übernommen worden, daß die Maßregeln des Gesetzes auch für ein Verhalten verhängt werden können, das einem gesetzlich umschriebenen ganz gleichzustellen ist. Damit gilt die sogenannte vollständige Gesetzesanalogie auch für Grönland.

---

1) Wörtlich: behandelt.

Einleitung

Das Gesetz gilt grundsätzlich für alle Handlungen, die in Grönland begangen werden. Damit ist der bisherige Rechtszustand, nach dem nur die einheimische Bevölkerung grönländischem Recht und grönländischer Gerichtsbarkeit unterworfen war, entscheidend geändert. Ausnahmsweise kann aber die Sache nach Dänemark verwiesen werden, wenn der Täter seinen Wohnsitz nicht in Grönland hat oder seine Beziehungen zum Lande so lose sind, daß die Voraussetzungen für die Anwendung der Maßregeln des Gesetzes fehlen (§ 4).

Über Zurechenbarkeit enthält das Gesetz keine Bestimmungen. Auch der wegen Geisteskrankheit unzurechnungsfähige Täter wird verurteilt, um alsdann der für ihn geeigneten Maßregel — in der Regel Anstaltsbehandlung (§ 106) — unterworfen zu werden.

Die Struktur des Sanktionssystems hat zu einer erheblichen Vereinfachung der im zweiten Abschnitt des ersten Teils geregelten Deliktstatbestände geführt, da diese nicht danach differenziert zu werden brauchten, ob es sich um eine schwere oder weniger schwere Tat handelt. So konnte z. B. die Vorschrift über vorsätzliche Körperverletzung, die im dänischen Recht in drei Stufen und innerhalb dieser wieder in eine Anzahl qualifizierter und privilegierter Fälle zerfällt, in die Worte gefaßt werden: „Wegen Körperverletzung wird verurteilt, wer vorsätzlich den Körper eines anderen beschädigt oder verletzt" (§ 60). Es ist dann Sache des Richters, diejenigen Maßregeln anzuordnen, die ihm nach einer Gesamtwürdigung des Täters und der Tat am Platze scheinen. Andere Vereinfachungen der Tatbestände beruhen auf den besonderen grönländischen Verhältnissen, die auch zu einzelnen systematischen Abweichungen vom dänischen Strafgesetzbuch geführt haben. So ist die Verbreitung von Geschlechtskrankheiten (§ 42) nicht wie dort ein Delikt gegen Leib und Leben, sondern ein gemeingefährliches Delikt, was grönländischer Tradition entspricht und auf der Empfänglichkeit der grönländischen Bevölkerung für Krankheiten aller Art beruht.

Nach den allgemeinen Bestimmungen des zweiten Teils werden alle Delikte öffentlich verfolgt, es gilt aber, wie in Dänemark, das Opportunitätsprinzip. Die Durchführungsbestimmungen, die in der Hand des dänischen Ministerpräsidenten liegen (§ 84), können der Tatsache Rechnung tragen, daß gewisse Delikte — etwa Sittlichkeitsdelikte — in manchen Gegenden nach traditioneller Moralauffassung nicht als derart gravierend angesehen werden, daß sie zu einem Einschreiten der Anklagebehörde nötigten.

Das Maßregelnsystem des Gesetzes stellt in Übereinstimmung mit grönländischer Tradition die Spezialprävention durchaus in den Vordergrund — es ist ein ausgesprochenes „Täterstrafrecht" mit dem Ziele, den Täter von weiteren Konflikten mit der Rechtsordnung abzuhalten. Generalpräventive Gesichtspunkte fehlen aber doch nicht ganz, da das Gericht bei der Zumessung auch auf die Art der Tat und das Interesse der Allgemeinheit, derartige Taten zu bekämpfen, gebührende Rücksicht zu nehmen hat (§ 86 Abs. 2). Auch Zwangsarbeit kann aus generalpräventiven Gründen angeordnet werden (§ 102 Ziffer 2). Besonders einschneidende Maßregeln wie Zwangsarbeit, Zwangsausbildung, Verwahrung und dgl. sollen nur angeordnet werden, wenn die Würdigung sowohl der Tat wie der Persönlichkeit des Täters ergibt, daß es sich um eine Handlung ernsteren Charakters handelt (§ 87). Die Milderungsgründe des § 88 entsprechen im großen und ganzen den Strafmilderungsgründen des dänischen Rechts, geben aber dem Richter die Befugnis, eine weniger einschneidende Maßregel zu verhängen oder von der Verhängung einer solchen ganz abzusehen, auch dann, „wenn sonst besondere Umstände für eine mildere Beurteilung der Tat sprechen“ (Ziffer 9).

Der Sanktionsausspruch des Gerichts bedeutet nichts Endgültiges. Jede Maßregel, die mit einer Freiheitsbeschränkung verbunden ist, wird auf unbestimmte Zeit verhängt — sei es schlechthin, sei es unter Angabe eines Höchstmaßes. Die Regelung im einzelnen ergibt sich aus § 90. Die Maßregeln können jederzeit vom Gericht aufgehoben oder geändert werden — unter Umständen auch zu Ungunsten des Verurteilten (vgl. § 92) — wobei die Ergebnisse der Schutzaufsicht (§§ 97 ff.) oft eine entscheidende Rolle spielen werden.

Das Sanktionssystem des Gesetzes stellt hiernach den Richter so frei, daß Vorschriften über die bedingte Verurteilung, wie sie sich im dänischen Recht finden, nicht mehr erforderlich erschienen.

Anwendungsbereich und Vollzug der einzelnen Maßregeln werden im zweiten Abschnitt des zweiten Teils näher geregelt. Im großen und ganzen entsprechen alle Maßregeln grönländischer Tradition. Die leichteste Maßregel ist die Verwarnung; sie setzt, wie alle Maßregeln, einen Schuldspruch voraus. Geldbuße ist die bisher am häufigsten angewandte Maßregel, auch bei ernsteren Vergehen. Sie trat gewissermaßen an die Stelle der fehlenden Freiheitsstrafe. Die Regelung entspricht der Geldstrafe des dänischen Rechts, aber das Tagesbußensystem ist als für die grönländischen Verhältnisse ungeeignet nicht übernommen. Die Schutzaufsicht ist nicht auf Jugendliche beschränkt. Anweisung oder Verbot des Aufenthaltes an bestimmten Orten hat sich aus der in Grönland üblichen „Verweisung“ an einen bestimmten Ort entwickelt. Zwangsarbeit ist nicht mit Freiheitsentziehung verbunden, sie wird gegen Entgelt für den Staat oder die Gemeinde ausgeführt und ist in Grönland häufig zur Anwendung gekommen. Zwangsausbildung tritt etwa an die Stelle des dänischen Jugendgefängnisses, ist aber gleichfalls nicht mit Freiheitsentziehung verbunden und nicht auf Jugendliche beschränkt. Arzt- oder Anstaltsbehandlung ist nicht nur bei psychischen, sondern auch bei physischen Erkrankungen möglich. Die einschneidendste Maßregel ist die Verwahrung, die für gewerbs- oder gewohnheitsmäßige oder besonders gefährliche Verbrecher gilt und etwa der Sicherungsverwahrung des dänischen Rechts entspricht. Der Verurteilte wird in einem Gebäude oder Lager von der Umwelt abgesondert, aber nur insoweit, als es die Rechtssicherheit erfordert. Das Gesetz hat an der grönländischen Tradition festgehalten, daß die Freiheitsstrafe als Sanktion nicht in Frage kommt. Andere Beschränkungen der Handlungsfreiheit sind die Aberkennung von Rechten, die Enthaltsamkeitsauflagen und die Ausweisung. Die Einziehung ist etwa wie im dänischen Recht geregelt.

Im übrigen wird auf die eingehende Darstellung des Gesetzes durch den Verfasser in der Zeitschrift für die gesamte Strafrechtswissenschaft Band 67 (1955) Heft 2 verwiesen.

Einleitung

Die Terminologie des Kriminalgesetzbuchs für Grönland entspricht weitgehend der des dänischen Strafgesetzbuchs. Die Übersetzung hat sich bemüht, dies festzuhalten. In zwei Fällen war jedoch eine Abweichung geboten. Der dänische Sprachgebrauch bezeichnet sowohl schwere wie leichte Straftaten mit forbrydelse = Verbrechen, was in der Übersetzung des dänischen Strafgesetzbuchs mit Straftat, strafbare Handlung oder Delikt wiedergegeben wurde, während für das grönländische Gesetz nur die letztere Bezeichnung blieb, um den konsequent vom Gesetz vermiedenen Ausdruck Strafe nicht in der Übersetzung erscheinen zu lassen. Das gleiche gilt für den Ausdruck bøde = Buße, der dort mit Geldstrafe, hier aber mit Geldbuße wiedergegeben ist.

Kopenhagen, im Februar 1955 — Dr. Franz Marcus

KRIMINALGESETZBUCH FÜR GRÖNLAND

Erster Teil
Von den Delikten

ERSTER ABSCHNITT
Allgemeine Bestimmungen

Kapitel 1
Anwendungsbereich des Gesetzes

§ 1

Die in diesem Gesetz vorgesehenen Maßregeln können nur für ein Verhalten verhängt werden, das gesetzlich umschrieben ist oder das einem solchen ganz gleichzustellen ist.[1])

§ 2

Die Kapitel 1—4 und 22—34 dieses Gesetzes finden, soweit nichts anderes bestimmt ist, auch auf Zuwiderhandlungen gegen die Nebengesetze Anwendung.

§ 3

Das Gesetz findet auf alle Handlungen Anwendung, die nach seinem Inkrafttreten abgeurteilt werden, jedoch mit der Maßgabe, daß die Entscheidung über Handlungen, die vor dem Inkrafttreten des Gesetzes begangen worden sind, dadurch nicht einschneidender als nach dem früheren Rechtszustand werden darf.

§ 4

Abs. 1. Das Gesetz findet auf Handlungen Anwendung, die in Grönland, in grönländischen Küstengewässern oder auf einem grönländischen Fahrzeug[2]) begangen worden sind.

Abs. 2. Ist die Handlung außerhalb grönländischen Gebiets von einem Täter begangen worden, der seinen Wohnsitz in Grönland hat, so findet das Gesetz Anwendung, wenn die Handlung nach diesem Gesetz besonders einschneidende Maßregeln nach sich ziehen kann. Der Täter kann jedoch nicht zur Verantwortung gezogen werden, wenn die Handlung auf einem Gebiet begangen worden ist, das ausländischer Gerichtsbarkeit unterliegt, soweit sie nach den dortigen Gesetzen keine strafrechtliche Verantwortung nach sich ziehen konnte, oder wenn die Sache von einem ausländischen Gericht entschieden worden ist.

Abs. 3. Hat der Täter seinen Wohnsitz nicht in Grönland oder sind seine Beziehungen zum grönländischen Gemeinwesen so lose, daß die Voraussetzungen für die Anwendung der Maßregeln dieses Gesetzes nicht vorliegen, so kann das Verfahren nach den allgemeinen Strafgesetzen in Dänemark anhängig gemacht oder zur Verfolgung dorthin verwiesen werden.

---

1) Siehe die Einleitung S. 8.
2) Schiff oder Flugzeug.

Abs. 4. Die Vorschriften der Abs. 1—3 finden keine Anwendung, soweit ihnen völkerrechtlich anerkannte Ausnahmen entgegenstehen.

Kapitel 2

Notwehr und Notrecht

§ 5

Gegen Personen, die in Notwehr gehandelt haben, kommen die Maßregeln dieses Gesetzes nicht zur Anwendung, soweit die Handlungen notwendig waren, um einem begonnenen oder unmittelbar drohenden unrechtmäßigen Angriff Widerstand zu leisten oder ihn abzuwehren und nicht offenbar über das Maß hinausgehen, das mit Rücksicht auf die Gefährlichkeit des Angriffs, die Person des Angreifers und die Bedeutung des angegriffenen Rechtsguts zu verantworten ist.

§ 6

Die Maßregeln dieses Gesetzes kommen nicht gegen Personen zur Anwendung, die Handlungen begangen haben, die zur Abwehr drohenden Schadens an Personen oder Sachen notwendig waren, wenn die Gesetzesverletzung von verhältnismäßig untergeordneter Bedeutung erscheint.

Kapitel 3

Fahrlässigkeit, Versuch und Teilnahme

§ 7

Abs. 1. Fahrlässige Handlungen fallen nur unter dieses Gesetz, wenn dies ausdrücklich bestimmt ist.

Abs. 2. Wo zum Tatbestand eines Delikts ein bestimmter nichtvorsätzlicher Erfolg gehört, kann der Täter nach der betreffenden Bestimmung nur zur Verantwortung gezogen werden, wenn der Erfolg ihm als fahrlässig zugerechnet werden kann.

§ 8

Handlungen, die darauf abzielen, die Ausführung eines Delikts zu fördern oder herbeizuführen, werden, wenn dieses nicht vollendet wird, als Versuch betrachtet und fallen unter die Bestimmungen des Gesetzes.

§ 9

Die für eine Gesetzesverletzung geltende Bestimmung findet auf alle Anwendung, die durch Anreizung, Rat oder Tat daran teilgenommen haben.[1])

Kapitel 4

Jugendliches Alter

§ 10

Handlungen von Kindern unter 15 Jahren können keine Maßregeln nach diesem Gesetz nach sich ziehen.

---

[1]) Wörtlich: dabei mitgewirkt haben.

ZWEITER ABSCHNITT

Die einzelnen Delikte

Kapitel 5

Delikte gegen die Selbständigkeit und Sicherheit des Staates

§ 11

Wegen Landesverrats wird verurteilt

1. wer eine Handlung begeht, die darauf abzielt, die Selbständigkeit oder Handlungsfreiheit des dänischen Staates zu beeinträchtigen oder ihn in Feindseligkeiten zu verwickeln, oder wer während — oder bei drohender Gefahr — eines Krieges oder einer Besetzung dem Feinde mit Rat oder Tat Beistand leistet,

2. wer bei der Wahrnehmung eines ihm übertragenen Auftrages, für den Staat mit einem fremden Staat zu verhandeln oder ein Abkommen zu treffen, gegen die Interessen des Staates handelt,

3. wer während einer Besetzung seine Beziehungen zur Besatzungsmacht zu seinem persönlichen oder wirtschaftlichen Vorteil ausnutzt oder auszunutzen sucht.

§ 12

Wegen Spionage wird verurteilt, wer im Dienste einer fremden Macht oder Organisation oder zum Gebrauch für Personen, die in solchem Dienste tätig sind, Umstände, die mit Rücksicht auf Interessen des dänischen Staates oder der dänischen Allgemeinheit geheimzuhalten sind, ausspäht oder darüber Mitteilungen macht, oder wer daran teilnimmt[1]), daß ein fremdes Nachrichtenwesen auf dänischem Staatsgebiet arbeiten kann.

§ 13

Abs. 1. Wegen landesschädlicher Tätigkeit wird verurteilt, wer vorsätzlich oder fahrlässig geheime Verhandlungen, Beratungen oder Beschlüsse des Staates in Angelegenheiten, auf denen seine Sicherheit oder seine Rechte gegenüber fremden Staaten beruhen oder die erhebliche wirtschaftliche Interessen der Allgemeinheit gegenüber dem Ausland berühren, verrät oder Mitteilungen darüber weitergibt, oder wer vorsätzlich oder fahrlässig eine Urkunde oder einen Gegenstand, die für die Sicherheit des Staates oder für seine Rechte gegenüber fremden Staaten von Bedeutung sind, verfälscht, zerstört oder beiseiteschafft.

Abs. 2. Wegen Gefährdung[2]) der Landesverteidigung wird verurteilt, wer ohne ordnungsmäßige Erlaubnis vorsätzlich oder fahrlässig nicht allgemein zugängliche Verteidigungsanlagen beschreibt, photographiert oder sonst abbildet oder wer solche Beschreibungen oder Abbildungen vervielfältigt oder veröffentlicht.

---

[1]) Siehe die vorige Anmerkung.

[2]) Wörtlich: Bekämpfung.

Kapitel 6

Delikte gegen die Staatsverfassung und die obersten Staatsbehörden usw.

§ 14

Abs. 1. Wegen Aufruhrs wird verurteilt, wer eine Handlung begeht, die darauf abzielt, durch Anwendung von Gewalt[1]) oder durch Drohung damit die Staatsverfassung zu verändern oder außer Kraft zu setzen oder das Folketing[2]) an der freien Ausübung seiner Tätigkeit zu hindern.

Abs. 2. Verurteilt wird auch, wer an einer Vereinigung, deren Zweck es ist, durch Anwendung von Gewalt[1]) odere andere ungesetzliche Mittel Einfluß auf öffentliche Angelegenheiten zu üben oder Störungen der allgemeinen Ordnung hervorzurufen, teilnimmt oder ihr wesentliche Unterstützung wirtschaftlicher oder andrer Art gewährt, oder wer an einer verbotenen militärischen Organisation oder Gruppe teilnimmt.

§ 15

Abs. 1. Wegen Wahlbeeinträchtigung wird verurteilt, wer die Vornahme von Wahlen zum Folketing, zum Landesrat[3]) oder zu kommunalen oder anderen öffentlichen Körperschaften oder Behörden verhindert oder wer den Ausfall einer Wahl verändert oder die Feststellung des Ergebnisses unmöglich macht.

Abs. 2. Das gleiche gilt für denjenigen, der sich oder anderen unberechtigt die Teilnahme an der Abstimmung bei den im Absatz 1 bezeichneten Wahlen verschafft.

Abs. 3. Wegen des gleichen Delikts wird verurteilt, wer durch Täuschung bewirkt, daß ein anderer sich gegen seine Absicht der Stimme enthält oder daß seine Stimme ungültig wird oder anders als beabsichtigt wirkt, oder wer ein Vorgesetztenverhältnis mißbraucht oder einen Vermögensvorteil gewährt, verspricht oder anbietet, um einen anderen zu beeinflussen, in einem bestimmten Sinne zu stimmen oder sich der Stimme zu enthalten, sowie wer aus dem gleichen Grunde einen solchen Vorteil annimmt.

Kapitel 7

Delikte gegen die öffentliche Gewalt

§ 16

Wegen Widerstandes gegen die öffentliche Gewalt wird verurteilt, wer mit Gewalt oder durch Bedrohung mit Gewalt oder mit Verhöhnungen, Schimpfworten oder anderem beleidigenden Verhalten[4]) jemanden, dem es obliegt, auf Grund öffentlichen Amtes oder Auftrages zu handeln, während der Ausübung des Amtes oder Auftrages oder aus Anlaß derselben angreift[5]).

---

1) Wörtlich: Macht.
2) Das dänische Parlament nach Einführung des Einkammersystems durch die Verfassung vom 5. Juni 1953.
3) Das aus höchstens 14 Mitgliedern bestehende grönländische Parlament, das aus direkten Wahlen hervorgeht und im Rahmen einer begrenzten Selbstverwaltung tätig wird (Gesetz Nr. 271 vom 27. Mai 1950). Vgl. §§ 117 Abs. 2, 120.
4) Wörtlich: mit anderer beleidigender Anrede.
5) Wörtlich: überfällt.

§ 17

Wegen Bestechung wird verurteilt, wer jemandem, der in öffentlichem Amt oder Auftrag tätig ist, Geschenke oder andere Vorteile gewährt, verspricht oder anbietet, um ihn zu einer Handlung oder Unterlassung zu veranlassen, durch die er sich einer Pflichtwidrigkeit schuldig machen würde.

§ 18

Abs. 1. Wegen Beeinträchtigung der Rechtshandhabung wird verurteilt, wer

1. einen vorläufig Festgenommenen, Festgehaltenen[1]) oder zwangsweise Untergebrachten befreit oder ihn zum Entweichen anreizt oder ihm dabei behilflich ist oder den Entwichenen verborgen hält, oder wer sich mit einer solchen Person unerlaubt in Verbindung setzt,

2. jemanden in der Absicht, ihn der Verfolgung wegen eines Delikts zu entziehen oder den Vollzug einer gegen ihn erkannten Maßregel zu verhindern, verborgen hält oder ihm zur Flucht behilflich ist,

3. Gegenstände, die für eine öffentliche Untersuchung von Bedeutung sind, vernichtet, verändert oder beiseiteschafft oder die Spuren eines Delikts verwischt.

Abs. 2. Wer sich oder einen seiner nächsten Angehörigen der Verfolgung zu entziehen sucht, kann nicht nach Abs. 1 Ziffer 2 und 3 zur Verantwortung gezogen werden.

§ 19

Wegen Gefährdung[2]) der Verteidigungsordnung wird verurteilt, wer daran teilnimmt, daß ein Wehrpflichtiger seine Wehrpflicht nicht erfüllt, oder wer einen Wehrpflichtigen oder einen Angehörigen der Kriegsmacht zum Ungehorsam anreizt.

§ 20

Wegen Verletzung des Wahlgeheimnisses und der Vertraulichkeit amtlicher Verhandlungen wird verurteilt, wer über Vorgänge bei den im § 15 genannten Wahlhandlungen und Abstimmungen oder über Verhandlungen vertraulichen Charakters von öffentlichen Körperschaften und Behörden unberechtigt öffentliche Mitteilungen macht.

§ 21

Wegen Amtsanmaßung wird verurteilt, wer vorgibt, im Besitz einer amtlichen Befugnis oder Ermächtigung zu sein, die er nicht hat, oder wer sonst eine ihm nicht zukommende amtliche Befugnis ausübt.

§ 22

Wegen Mißbrauchs besonders geschützter Abzeichen wird verurteilt, wer vorsätzlich oder fahrlässig öffentlich oder in rechtswidriger Absicht von einem Abzeichen oder einer Tracht Gebrauch macht, die dänischen oder ausländischen öffentlichen Behörden oder Militärpersonen oder dem Personal, Inventar und Material vorbehalten sind, das zur Hilfeleistung für Verwundete und Kranke im Kriege bestimmt ist, oder wer von einem

[1]) Nach Kapitel 5 § 16 des Rechtspflegegesetzes für Grönland, s. die Einleitung S. 7.
[2]) Siehe die Anmerkung zu § 13 Abs. 2.

Abzeichen oder einer Tracht Gebrauch macht, die eine solche Ähnlichkeit mit den obengenannten haben, daß sie leicht verwechselt werden können.

Kapitel 8

Delikte gegen die öffentliche Ordnung und den öffentlichen Frieden

§ 23

Wegen unerlaubter Alarmierung wird verurteilt, wer durch unbegründetes Herbeirufen von Hilfe, Mißbrauch eines Gefahrsignals oder dergleichen bewirkt, daß Rettungsmaßnahmen ins Werk gesetzt werden.

§ 24

Abs. 1. Wegen Alkoholmißbrauchs wird verurteilt, wer vorsätzlich oder aus grober Fahrlässigkeit sich oder andere in einen Rausch versetzt und dadurch Personen oder erheblichere Vermögenswerte gefährdet.

Abs. 2. Wegen Zuwiderhandlung gegen Enthaltsamkeitsauflagen wird verurteilt, wer entgegen einer Auflage nach § 111 Abs. 1 geistige Getränke zu sich nimmt oder sich verschafft.

Abs. 3. Wegen Zuwiderhandlung gegen Ausschankverbote wird verurteilt, wer entgegen einer Auflage nach § 111 Abs. 2 einem nach § 111 Abs. 1 Verurteilten geistige Getränke verschafft.

§ 25

Wegen Störung besonders geschützten Friedens wird verurteilt, wer den Grabfrieden stört oder sich der ungehörigen Behandlung einer Leiche oder von Gegenständen, die zu einer Kirche gehören und zu kirchlichen Zwecken benutzt werden, oder von öffentlichen Denkmälern und dergleichen schuldig macht.

§ 26

Abs. 1. Wegen unterlassener Abwendung von Delikten wird verurteilt, wer weiß, daß eine Tat geplant wird, die das Leben oder die wirtschaftliche Existenz[1]) eines Menschen oder erhebliche Werte der Allgemeinheit gefährdet, und nicht alles tut, was in seiner Macht steht, um der Tat oder ihren Folgen vorzubeugen. Dies gilt jedoch nicht, wenn er dadurch sich oder seine nächsten Angehörigen einer Gefahr für Leben, Gesundheit oder wirtschaftliche Existenz aussetzen würde. Der Täter ist nur verantwortlich, wenn die geplante Tat begangen oder versucht wird.

Abs. 2. Die Vorschriften des Abs. 1 finden entsprechende Anwendung auf denjenigen, der es unterläßt, jemandem, dem amtliche Befugnisse zustehen, auf Aufforderung Beistand zur Abwendung eines Unglücks oder einer Tat zu leisten, die das Leben, die Gesundheit oder die wirtschaftliche Existenz anderer gefährden.

Abs. 3. Die Vorschriften des Abs. 1 finden ferner Anwendung auf denjenigen, der es unterläßt, Umstände mitzuteilen, die bestimmt dafür sprechen, daß ein wegen eines Delikts Beschuldigter oder Verurteilter unschuldig ist.

---

[1]) Der Ausdruck „velfaerd“ = Wohl, Wohlfahrt ist unübersetzbar. Er umfaßt nicht nur vermögensrechtliche, sondern auch ideelle Werte, wie z. B. die bürgerliche Achtung. Vgl. §§ 51 Abs. 1, 70.

Kapitel 9

Delikte in öffentlichem Amt oder Auftrag

§ 27

Wegen passiver Bestechung wird verurteilt, wer in Ausübung öffentlichen Amtes oder Auftrags unberechtigt Geschenke oder andere Vorteile annimmt, fordert oder sich versprechen läßt.

§ 28

Wegen Mißbrauchs öffentlicher Befugnisse wird verurteilt, wer seine Stellung in öffentlichem Amt oder Auftrag dazu mißbraucht, private oder öffentliche Rechte oder Interessen zu verletzen.

§ 29

Wegen Bruchs der Amtsverschwiegenheit wird verurteilt, wer in öffentlichem Amt oder Auftrag ein Geheimnis verrät, das er dienstlich erfahren hat oder das durch Gesetz oder andere gültige Vorschriften als solches bezeichnet ist. Dies gilt auch für denjenigen, der nach dem Ausscheiden aus seiner Stellung Geheimnisse verrät, die er in seiner Stellung erfahren hat.

§ 30

Abs. 1. Wegen Dienstversäumnis wird verurteilt, wer in öffentlichem Amt oder Auftrag sich weigert oder es unterläßt, die ihm dienstlich obliegenden Pflichten zu erfüllen oder einem rechtmäßigen dienstlichen Befehl nachzukommen.

Abs. 2. Das gleiche gilt für denjenigen, der sich in öffentlichem Amt oder Auftrag bei der Ausübung des Amtes oder Auftrages oder bei der Erfüllung seiner dienstlichen Pflichten grober oder öfters wiederholter Versäumnisse oder Nachlässigkeiten schuldig macht.

Abs. 3. Die vorstehenden Bestimmungen finden auf Aufträge, deren Ausübung auf öffentlichen Wahlen beruht, keine Anwendung.

Kapitel 10

Falsche Erklärung und falsche Anschuldigung

§ 31

Abs. 1. Wegen falscher Erklärung wird verurteilt, wer vorsätzlich oder aus grober Fahrlässigkeit vor Gericht eine unrichtige Erklärung abgibt.

Abs. 2. Dies gilt jedoch nicht für den Beschuldigten in einer Kriminalsache oder für denjenigen, der bei der Vernehmung in einem Falle, in dem kraft Gesetzes eine Erklärung nicht verlangt werden darf, eine falsche Erklärung abgibt.

§ 32

Wegen falscher Angaben wird verurteilt, wer sonst einer öffentlichen Behörde gegenüber eine unrichtige Erklärung über einen Sachverhalt abgibt, über den er verpflichtet ist, eine Erklärung abzugeben, oder wer zum Gebrauch in öffentlichen Rechtsverhältnissen eine unrichtige schriftliche Erklärung abgibt oder schriftlich etwas bezeugt, wovon er keine Kenntnis hat.

§ 33

Wegen falscher Anschuldigung oder Anzeige wird verurteilt, wer durch Anzeige oder Erklärung bei Gericht oder Behörde oder durch andere Mittel herbeizuführen sucht, daß ein Unschuldiger wegen eines Delikts beschuldigt oder verurteilt wird, oder wer bei der Behörde ein Delikt anzeigt, das nicht begangen worden ist, oder wer falsche Beschwerden einreicht.

Kapitel 11

Münzdelikte

§ 34

Abs. 1. Wegen Münzfälschung wird verurteilt, wer Geld nachmacht oder verfälscht, um es als echtes in Verkehr zu bringen, oder wer in gleicher Absicht sich oder anderen nachgemachtes oder verfälschtes Geld verschafft.

Abs. 2. Das gleiche gilt für denjenigen, der Geld ausgibt, von dem er weiß oder vermutet, daß es nachgemacht oder verfälscht ist.

Kapitel 12

Beweismitteldelikte

§ 35

Abs. 1. Wegen Urkundenmißbrauchs wird verurteilt, wer zur Täuschung im Rechtsverkehr

1. von einer falschen Urkunde Gebrauch macht,
2. von einer Urkunde Gebrauch macht, wenn die Unterschrift unter Ausnutzung eines Irrtums auf einer anderen Urkunde oder auf einer Urkunde anderen Inhalts, als von dem Unterzeichner beabsichtigt, erlangt worden ist,
3. von einer echten Urkunde in bezug auf einen anderen als denjenigen, den sie wirklich angeht, oder sonst in einer mit der Bestimmung der Urkunde im Widerspruch stehenden Weise Gebrauch macht.

Abs. 2. Unter Urkunde ist eine schriftliche, mit Bezeichnung des Ausstellers versehene Erklärung zu verstehen, die entweder dazu bestimmt erscheint, als Beweis für ein Recht, eine Verpflichtung oder die Befreiung von einer solchen zu dienen, oder die zu einem solchen Beweis benutzt wird.

Abs. 3. Eine Urkunde ist falsch, wenn sie nicht von dem angegebenen Aussteller herrührt oder wenn ihr ein Inhalt gegeben ist, der nicht von ihm herrührt.

§ 36

Abs. 1. Wegen Urkundenunwahrheit wird verurteilt, wer in der Absicht, im Rechtsverkehr zu täuschen, in öffentlichen Urkunden oder Büchern, oder in privaten Urkunden oder Büchern, die er kraft Gesetzes oder auf Grund eines besonderen Pflichtverhältnisses auszustellen oder zu führen hat, oder in ärztlichen Attesten oder ähnlichen Urkunden eine unrichtige Erklärung über einen Sachverhalt abgibt, für den die Erklärung als Beweis dienen soll.

Abs. 2. Das gleiche gilt für denjenigen, der im Rechtsverkehr von einer solchen Urkunde so Gebrauch macht, als enthielte sie die Wahrheit.

§ 37

Wegen Zeichenfälschung wird verurteilt, wer in der Absicht, im Handel und Verkehr zu täuschen, von Gegenständen Gebrauch macht, die unberechtigt mit amtlichen oder privaten Stempeln oder Zeichen oder anderen Bezeichnungen versehen sind, die dazu dienen, einen den Gegenstand betreffenden Sachverhalt anzugeben, der für Handel und Verkehr von Bedeutung ist, oder wer in gleicher Weise von Gegenständen Gebrauch macht, auf denen rechtmäßig angebrachte Stempel, Zeichen oder Bezeichnungen verändert oder entfernt sind.

§ 38

Abs. 1. Wegen Unterdrückung von Beweismitteln wird verurteilt, wer ein Beweismittel, das geeignet ist, als solches im Rechtsverkehr benutzt zu werden, vernichtet, verändert oder ganz oder teilweise unbrauchbar macht.

Abs. 2. Das gleiche gilt für denjenigen, der abgesehen von den Fällen des Abs. 1 die Grenzbezeichnung von Grundstücken oder dergleichen eigenmächtig verändert[1]).

Kapitel 13

Gemeingefährliche Delikte

§ 39

Wegen Brandstiftung wird verurteilt, wer vorsätzlich oder fahrlässig fremdes Eigentum in Brand setzt oder wer vorsätzlich oder fahrlässig durch Inbrandsetzung eigenen Eigentums das Leben anderer oder erheblichere Werte der Allgemeinheit gefährdet.

§ 40

Abs. 1. Wegen Betriebsstörung wird verurteilt, wer vorsätzlich oder fahrlässig den Betrieb oder die Betriebssicherheit von allgemeinen Verkehrsmitteln oder von allgemein benutzten technischen Anlagen stört.

Abs. 2. Wegen Gefährdung[2]) der Wasserversorgung wird verurteilt, wer vorsätzlich oder fahrlässig Wasserbehältern, Wasserleitungen oder Wasserläufen gesundheitsschädliche Stoffe zusetzt oder sonst einen allgemeinen Mangel an Trinkwasser hervorruft.

§ 41

Wegen unerlaubter Heilbehandlung[3]) wird verurteilt, wer ohne Ermächtigung und ohne daß die Verhältnisse es erfordern Kranke behandelt und dadurch ihre Gesundheit gefährdet.

§ 42

Wegen Verbreitung von Geschlechtskrankheiten wird verurteilt, wer vorsätzlich oder fahrlässig einen anderen durch geschlechtlichen Umgang

1) Wörtlich: beeinflußt.
2) Wörtlich: wegen Angriffs auf.
3) Wörtlich: Quacksalberei.

oder auf andere Weise der Gefahr aussetzt, mit einer Geschlechtskrankheit angesteckt zu werden.

§ 43

Wegen Hervorrufung der Gefahr von Krankheiten wird verurteilt, wer vorsätzlich oder fahrlässig durch Zuwiderhandlung gegen die Vorschriften, die gesetzlich oder auf Grund von Gesetzen zur Vorbeugung oder Bekämpfung von ansteckenden Krankheiten bei Menschen oder Tieren getroffen sind, eine Gefahr dafür herbeiführt, daß eine solche Krankheit ausbricht oder verbreitet wird.

Kapitel 14
Schädliche Erwerbstätigkeit

§ 44

Abs. 1. Wegen Bettelei oder Unzucht wird verurteilt, wer trotz polizeilicher Verwarnung bettelt oder gewerbsmäßige Unzucht treibt oder wer zuläßt, daß ein zu seinem Hausstand gehöriger Jugendlicher unter 18 Jahren sich eines solchen Verhaltens schuldig macht.

Abs. 2. Wegen unerlaubten Müßiggangs wird der Arbeitsfähige verurteilt, der infolge selbstverschuldeter gewohnheitsmäßiger Untätigkeit der öffentlichen Fürsorge zur Last fällt, seine Unterhaltspflichten gegen einen anderen verletzt und ihn dadurch der Not aussetzt oder die ihm obliegenden Beiträge für Frau und Kinder nicht entrichtet, wenn er damit fortfährt, nachdem er polizeilich verwarnt oder ihm Arbeit angewiesen worden ist.

§ 45

Abs. 1. Wegen Glücksspiels wird verurteilt, wer aus dem Glücksspiel oder aus Wetten ähnlicher Art oder aus der Förderung solcher Spiele ein Gewerbe macht oder wer öffentlich Räume für Glücksspiel hergibt oder solches veranstaltet oder wer öffentlich daran teilnimmt.

Abs. 2. Wegen Glücksspiels wird auch verurteilt, wer solches Spiel nichtöffentlich veranstaltet, zuläßt oder daran teilnimmt, wenn er weiß oder vermutet, daß der Einsatz eines Spielers über das Maß hinausgeht, das nach seinen wirtschaftlichen Verhältnissen angemessen und zu verantworten ist.

§ 46

Wegen Verleitung zur Ausreise wird verurteilt, wer einen anderen durch Täuschung oder Ausnutzung zur Ausreise aus Grönland bewegt.

§ 47

Wegen verbotenen Aufenthalts wird verurteilt, wer sich entgegen einem Verbot nach § 112 in Grönland aufhält.

Kapitel 15
Familiendelikte

§ 48

Abs. 1. Ein Verheirateter, der eine Ehe eingeht, wird wegen Bigamie verurteilt, wenn er vorsätzlich oder aus grober Fahrlässigkeit gehandelt hat.

Abs. 2. Wegen des gleichen Delikts wird ein Unverheirateter verurteilt, der eine Ehe mit einem Verheirateten eingeht.

§ 49

Abs. 1. Wegen Blutschande wird verurteilt, wer mit einem Verwandten auf- oder absteigender Linie oder mit einem Bruder oder einer Schwester den Beischlaf vollzieht oder anderen geschlechtlichen Umgang hat oder die Ehe eingeht.

Abs. 2. Der in absteigender Linie Verwandte unter 18 Jahren wird nicht verurteilt.

§ 50

Wegen Verletzung der Pflichten gegen Familie oder Hausstand wird verurteilt, wer seinen Ehegatten, sein Kind oder eine seinem Sorgerecht oder seiner Fürsorge unterstellte Person oder einen Verwandten oder Verschwägerten aufsteigender Linie durch Vernachlässigung oder entwürdigende Behandlung verletzt oder dadurch der Not aussetzt, daß er sich einer ihm obliegenden Unterhalts- oder Beitragspflicht böswillig entzieht.

Kapitel 16
Sittlichkeitsdelikte

§ 51

Abs. 1. Wegen Notzucht wird verurteilt, wer den Beischlaf oder anderen geschlechtlichen Umgang mit einer Frau durch Gewalt, Freiheitsberaubung oder Erregung von Furcht für ihr oder ihrer nächsten Angehörigen Leben, Gesundheit oder wirtschaftliche Existenz erzwingt, oder wer sich den außerehelichen Beischlaf mit einer Frau verschafft, die geisteskrank oder ausgesprochen schwachsinnig ist oder sich in einem Zustand befindet, in dem sie außerstande ist, sich der Tat zu widersetzen oder ihre Bedeutung zu verstehen.

Abs. 2. Das gleiche gilt für denjenigen, der sich abgesehen von den Fällen des Abs. 1 durch Drohung mit Gewalt, mit Freiheitsberaubung oder mit Beschuldigung wegen eines Delikts oder wegen ehrenrührigen Verhaltens den Beischlaf oder anderen geschlechtlichen Umgang mit einer Frau verschafft.

§ 52

Wegen geschlechtlicher Ausnutzung wird verurteilt, wer sich den außerehelichen Beischlaf oder anderen geschlechtlichen Umgang mit einer Frau durch groben Mißbrauch ihrer dienstlichen oder wirtschaftlichen Abhängigkeit verschafft. Dies gilt auch für denjenigen, der solche außerehelichen geschlechtlichen Beziehungen zu einer Person hat, die seinem Sorgerecht oder seiner Fürsorge untersteht oder über die er auf Grund besonderer Bestellung die Aufsicht führt.

§ 53

Wegen geschlechtlicher Beziehungen zu Kindern wird verurteilt, wer mit einem Kind unter 15 Jahren den Beischlaf vollzieht oder anderen geschlechtlichen Umgang hat, wenn er das Alter des Kindes gekannt oder insoweit fahrlässig gehandelt hat.

§ 54

Wegen Verführung wird verurteilt, wer unter grobem Mißbrauch einer auf Alter und Erfahrung beruhenden Überlegenheit mit einem Jugendlichen unter 18 Jahren den Beischlaf vollzieht oder anderen geschlechtlichen Umgang hat, wenn er das Alter des Betreffenden gekannt oder insoweit fahrlässig gehandelt hat.

§ 55

Abs. 1. Wegen Kuppelei wird verurteilt, wer aus Gewinnsucht jemanden zur Unzucht mit anderen verleitet oder jemanden, der aus der Unzucht ein Gewerbe macht, davon abhält, es aufzugeben, oder wer ein Bordell unterhält. Das gleiche gilt für denjenigen, der einen Jugendlichen unter 18 Jahren dazu anreizt oder ihm dabei behilflich ist, aus der Unzucht ein Gewerbe zu machen, sowie wer bei der Ausreise einer Person aus Grönland mitwirkt, damit diese anderswo aus der Unzucht ein Gewerbe macht oder dazu mißbraucht wird, wenn sie noch nicht 21 Jahre alt ist oder von dem Zweck keine Kenntnis hat.

Abs. 2. Verurteilt wird auch, wer aus Gewinnsucht die Unzucht dadurch fördert, daß er als Vermittler auftritt, oder wer das unzüchtige Gewerbe eines anderen ausnutzt.

§ 56

Abs. 1. Wegen Verletzung des Schamgefühls wird verurteilt, wer durch unzüchtiges[1]) Verhalten das Schamgefühl verletzt oder öffentlich Ärgernis erregt.

Abs. 2. Das gleiche gilt für denjenigen, der unzüchtige Schriften, Bilder oder Gegenstände veröffentlicht oder verbreitet oder zu diesem Zwecke herstellt oder einführt oder einem Jugendlichen unter 18 Jahren anbietet oder überläßt.

Kapitel 17

Delikte gegen Leib und Leben

§ 57

Abs. 1. Wegen Tötung[2]) wird verurteilt, wer einen anderen tötet.

Abs. 2. Wegen Tötung auf Verlangen wird verurteilt, wer einen anderen auf dessen bestimmtes Verlangen tötet.

Abs. 3. Wegen Beihilfe zum Selbstmord wird verurteilt, wer an dem Selbstmord eines anderen teilnimmt.

§ 58

Wegen fahrlässiger Tötung wird verurteilt, wer durch Fahrlässigkeit den Tod eines anderen verursacht.

§ 59

Wegen Schwangerschaftsunterbrechung wird verurteilt, wer eine Schwangerschaft unrechtmäßig unterbricht oder unterbrechen läßt.

---

[1]) Wörtlich: anstößiges.

[2]) Der Ausdruck „manddrab" kann sowohl Mord wie Totschlag bedeuten.

§ 60

Wegen Körperverletzung wird verurteilt, wer vorsätzlich den Körper eines anderen beschädigt oder verletzt[1]). Das gleiche gilt für denjenigen, der aus Fahrlässigkeit einem anderen einen erheblichen Schaden an Körper oder Gesundheit zufügt.

§ 61

Wegen Preisgabe von Menschenleben wird verurteilt, wer einen anderen in hilflosen Zustand versetzt oder eine in seiner Obhut stehende Person in solchem Zustand verläßt, oder wer es unterläßt, nach Kräften ein schweres Unglück, durch das Menschenleben gefährdet werden, abzuwenden oder jemandem zu helfen, der in offensichtlicher Lebensgefahr schwebt, oder die Maßnahmen zu treffen, die zur Rettung eines anscheinend Leblosen notwendig oder die zur Fürsorge für Personen vorgeschrieben sind, die von einem Unglücksfall betroffen sind, obwohl ihm dies ohne besondere Gefahr oder Opfer für sich oder andere möglich gewesen wäre.

§ 62

Wegen unverantwortlichen Verhaltens bei der Geburt wird die Frau verurteilt, die ihr Kind bei der Niederkunft einer ernsten Gefahr aussetzt.

§ 63

Wegen Vernachlässigung seiner Sorgepflicht wird der Mann verurteilt, der sich böswillig seiner Pflicht entzieht, einer von ihm außerehelich geschwängerten Frau die zu ihrer Niederkunft erforderliche Hilfe zu gewähren, wenn sie dadurch in Not gerät.

§ 64

Abs. 1. Wegen unverantwortlicher Behandlung von gefährlichen Gegenständen und dergleichen wird verurteilt, wer vorsätzlich oder fahrlässig Kindern unter 10 Jahren, Geisteskranken, Schwachsinnigen oder Betrunkenen gefährliche Waffen, Sprengstoffe oder andere gefährliche Gegenstände überläßt.

Abs. 2. Das gleiche gilt für denjenigen, der aus Gewinnsucht, aus grobem Mutwillen oder auf ähnlich rücksichtslose Weise eine naheliegende Gefahr für das Leben oder die Gesundheit[2]) eines anderen herbeiführt.

Kapitel 18

Delikte gegen Tiere

§ 65

Wegen Tierquälerei wird verurteilt, wer Tiere durch Mißhandlung, Überanstrengung, Vernachlässigung oder auf andere Weise unverantwortlich behandelt.

[1]) Wörtlich: kränkt.

[2]) Wörtlich: das Leben, die Bewegungsfähigkeit oder die Gesundheit.

Kapitel 19

Delikte gegen die persönliche Freiheit

§ 66

Wegen Nötigung[1]) wird verurteilt, wer

1. durch Gewalt oder durch Drohung mit Gewalt, mit erheblichem Schaden an Sachen, mit Freiheitsberaubung oder mit Erhebung unwahrer Beschuldigungen wegen eines Delikts oder wegen ehrenrührigen Verhaltens oder mit Bekanntgabe von Umständen des Privatlebens jemanden zu einer Handlung, Duldung oder Unterlassung nötigt,

2. durch Drohung mit Anzeige oder Bekanntgabe eines Delikts oder mit Erhebung wahrer ehrenrühriger Beschuldigungen jemanden zu einer Handlung, Duldung oder Unterlassung nötigt, soweit der Zwang nicht durch die Umstände, auf die sich die Drohung bezieht, ausreichend begründet erscheint.

§ 67

Abs. 1. Wegen Freiheitsberaubung wird verurteilt, wer vorsätzlich einen anderen der Freiheit beraubt. Das gleiche gilt für denjenigen, der fahrlässig handelt, wenn die Freiheitsberaubung besonders einschneidend oder von besonders langer Dauer war.

Abs. 2. Verurteilt wird auch, wer jemanden dem Sorgerecht oder der Fürsorge der Eltern oder eines anderen Berechtigten entzieht oder dazu beiträgt, daß er sich dem Sorgerecht oder der Fürsorge entzieht.

Kapitel 20

Friedensstörungen und Ehrenkränkungen

§ 68

Wegen Friedensstörung wird verurteilt, wer

1. einen Brief erbricht oder sich sonst eine an einen anderen gerichtete geschlossene Mitteilung verschafft oder jemandem eine solche vorenthält,

2. sich ohne ausreichenden Grund Zugang zu den verschlossenen Behältnissen eines anderen verschafft,

3. öffentlich Mitteilungen über rein private häusliche Angelegenheiten eines anderen oder andere Angelegenheiten des Privatlebens macht, von denen mit ausreichendem Grund verlangt werden kann, daß sie der Öffentlichkeit ferngehalten werden,

4. trotz polizeilicher Verwarnung auf einen anderen eindringt, ihn mit schriftlichen Anträgen verfolgt oder ihn in ähnlicher Weise belästigt.

§ 69

Wegen Hausfriedensbruchs wird verurteilt, wer in ein fremdes Haus, den Raum eines Hauses, ein Schiff oder einen anderen nicht frei zugänglichen Ort eindringt oder wer sich weigert, ein fremdes Grundstück auf Aufforderung zu verlassen.

§ 70

Wegen Bedrohung wird verurteilt, wer in einer Weise, die geeignet ist, in jemandem ernstliche Furcht für sein oder anderer Leben, Gesundheit

[1]) Wörtlich: unrechtmäßiger Zwang.

oder wirtschaftliche Existenz zu erregen, mit der Begehung eines Delikts droht.

§ 71

Abs. 1. Wegen Beleidigung wird verurteilt, wer die Ehre eines anderen durch beleidigende Worte oder Handlungen oder dadurch kränkt, daß er Beschuldigungen wegen eines Verhaltens erhebt oder verbreitet, das geeignet ist, den Beleidigten in der Achtung seiner Mitbürger herabzusetzen oder ihm sonst im Verhältnis zu anderen zu schaden.

Abs. 2. Es kann aber niemand wegen einer Beschuldigung verurteilt werden, wenn ihre Wahrheit bewiesen wird oder wenn sie gutgläubig erhoben und der Betreffende zur Äußerung verpflichtet war oder in berechtigter Wahrnehmung offenbaren öffentlichen Interesses oder eigener oder fremder Interessen gehandelt hat.

Abs. 3. Wer eine Beschuldigung erhebt, für die der Wahrheitsbeweis geführt wird, kann jedoch verurteilt werden, wenn die Beschuldigung durch ihre Form ungebührlich beleidigend ist oder wenn der Täter keine ausreichende Veranlassung zu ihrer Erhebung hatte.

Abs. 4. Ist eine beleidigende Beschuldigung grundlos, so ist auf Antrag des Beleidigten eine dahingehende Bemerkung in die Urteilsformel aufzunehmen.

Kapitel 21

Vermögensdelikte

§ 72

Wegen Diebstahls wird verurteilt, wer eine fremde bewegliche Sache ohne Zustimmung des Besitzers in der Absicht wegnimmt, sich oder anderen durch ihre Zueignung einen unberechtigten Gewinn zu verschaffen. Einer beweglichen Sache steht hier und im folgenden eine Energiemenge gleich, die zur Erzeugung von Licht, Wärme, Kraft oder Bewegung oder zu anderen wirtschaftlichen Zwecken hergestellt, aufbewahrt oder in Gebrauch genommen ist.

§ 73

Wegen Fundunterschlagung[1]) wird verurteilt, wer in der Absicht, sich oder anderen dadurch einen unberechtigten Gewinn zu verschaffen, sich eine fremde bewegliche Sache zueignet, die sich in niemandes Gewahrsam befindet oder durch Vergessen seitens des Eigentümers oder einen ähnlichen Zufall in den Gewahrsam des Täters gelangt ist.

§ 74

Abs. 1. Wegen Betruges wird verurteilt, wer in der Absicht, sich oder anderen dadurch einen unberechtigten Gewinn zu verschaffen, einen anderen durch Täuschung zu einer Handlung oder Unterlassung bestimmt, durch die jemandem ein Vermögensverlust zugefügt wird.

Abs. 2. Wegen Unterschlagung wird verurteilt, wer in der Absicht, sich oder anderen dadurch einen unberechtigten Gewinn zu verschaffen, sich eine ihm anvertraute fremde bewegliche Sache oder anvertrautes

1) Wörtlich: unrechtmäßiger Umgang mit gefundenem Gut.

Geld zueignet oder den Empfang eines Darlehns oder einer Leistung, für die ein Entgelt zu entrichten ist, ableugnet.

§ 75

Wegen Untreue wird, soweit nicht ein Fall der §§ 72—74 vorliegt, verurteilt, wer in der Absicht, sich oder anderen dadurch einen unberechtigten Gewinn zu verschaffen, einem anderen dadurch einen Vermögensverlust zufügt, daß er

1. eine ihm offenstehende Möglichkeit, mit rechtlicher Wirkung für diesen zu handeln, mißbraucht,

2. in einer Vermögensangelegenheit, deren Wahrnehmung für den anderen ihm obliegt, gegen dessen Interessen handelt.

§ 76

Wegen Schuldnerbetrugs[1]) wird verurteilt, wer in der Absicht, sich oder anderen dadurch einen unberechtigten Gewinn zu verschaffen,

1. ihm gehörende Sachen, an denen ein Dritter ein Recht erworben hat, mit dem die Handlung unvereinbar ist, veräußert oder auf andere Weise darüber verfügt,

2. durch falsche Angaben, Verschleierung[2]), unverhältnismäßigen Verbrauch oder in ähnlicher Weise sein Eigentum oder seine Forderungen dem Zugriff seiner Gläubiger oder einzelnen von ihnen entzieht.

§ 77

Wegen Wuchers wird verurteilt, wer die Not, die Einfalt, die Unerfahrenheit oder ein ihm gegenüber bestehendes Abhängigkeitsverhältnis eines anderen ausbeutet, um bei einem Rechtsgeschäft eine Leistung zu erlangen oder sich zu bedingen, die in offenbarem Mißverhältnis zur Gegenleistung steht.

§ 78

Wegen Hehlerei wird verurteilt, wer vorsätzlich oder aus grober Fahrlässigkeit einen durch ein Bereicherungsdelikt erzielten Gewinn entgegennimmt oder sich oder anderen einen Anteil daran verschafft, oder wer durch Verheimlichung, Hilfe beim Absatz oder in ähnlicher Weise dazu beiträgt, einem anderen den Ertrag eines solchen Delikts zu sichern.

§ 79

Wegen Sachbeschädigung wird verurteilt, wer vorsätzlich Sachen, die einem anderen gehören, zerstört, beschädigt oder beiseiteschafft, oder wer aus grober Fahrlässigkeit Zerstörungen in erheblichem Umfang verübt.

§ 80

Abs. 1. Wegen Gebrauchsdiebstahls wird verurteilt, wer unberechtigt eine Sache gebraucht, die einem anderen gehört, so daß diesem dadurch ein Verlust oder ein erheblicher Nachteil zugefügt wird.

Abs. 2. Verurteilt wird auch, wer verhindert, daß jemand sein Recht ausübt, über eine Sache zu verfügen.

§ 81

Wegen Selbsthilfe wird verurteilt, wer sich unrechtmäßig selbst Recht verschafft.

---

[1]) Wörtlich: Schuldnertrug.
[2]) Wörtlich: Verstecken.

Zweiter Teil
Von den Rechtsfolgen der Delikte

ERSTER ABSCHNITT
Allgemeine Bestimmungen

Kapitel 22
Verfolgung

§ 82

Die in diesem Gesetz behandelten Delikte werden öffentlich verfolgt.

§ 83

Abs. 1. Eine Verfolgung findet nicht statt,

1. wenn ausschließlich auf Geldbuße oder Einziehung erkannt worden wäre und seit dem Aufhören der Zuwiderhandlung 2 Jahre verstrichen sind, es sei denn, daß es sich um Zuwiderhandlungen gegen Vorschriften über öffentliche Steuern und Abgaben handelt, wodurch geschuldete Leistungen der öffentlichen Hand entzogen werden sollen,
2. wenn seit Begehung der Tat so viel Zeit verstrichen ist, daß anzunehmen ist, daß die Voraussetzungen für den Vollzug der Maßregeln dieses Gesetzes nicht mehr vorliegen.

Abs. 2. Ist das Gericht der Auffassung, daß die Verfolgung nach Abs. 1 hätte unterbleiben sollen, so ist der Angeklagte freizusprechen.

§ 84

Die näheren Bestimmungen über die Verfolgung werden vom Ministerpräsidenten[1]) getroffen.

Kapitel 23
Maßregeln

§ 85

Die nach diesem Gesetz zulässigen Maßregeln sind:

1. Verwarnung,
2. Geldbuße,
3. Schutzaufsicht,
4. Anweisung oder Verbot des Aufenthalts an bestimmten Orten,
5. Zwangsarbeit,
6. Zwangsausbildung,
7. Arzt- oder Anstaltsbehandlung,
8. Verwahrung,
9. andere Beschränkungen der Handlungsfreiheit,
10. Einziehung.

§ 86

Abs. 1. Stellt das Gericht durch Urteil fest, daß der Angeklagte ein Delikt begangen hat, so bestimmt es zugleich im Urteil, welche[2]) der im

[1]) Die dänische Bezeichnung lautet: Staatsminister, s. d. Einleitung S. 8. Vgl. §§ 114, Abs. 1, 119.
[2]) Eine oder mehrere.

§ 85 genannten Maßregeln zur Anwendung zu bringen sind. Wo die Umstände dafür sprechen, kann das Gericht von der Anordnung einer Maßregel absehen.

Abs. 2. Die Entscheidung ist — unter gebührender Rücksichtnahme auf die Art der Tat und auf das Interesse der Allgemeinheit, derartige Taten zu bekämpfen — unter besonderer Berücksichtigung der Persönlichkeit des Täters und der Maßnahmen zu treffen, die nach den vorliegenden Ermittlungen erforderlich erscheinen, um ihn von weiteren Gesetzesverletzungen abzuhalten.

§ 87

Zwangsarbeit, Zwangsausbildung, Verwahrung und andere besonders einschneidende Maßregeln sollen nur angeordnet werden, wenn die Würdigung sowohl der Tat wie der Persönlichkeit des Täters ergibt, daß es sich um eine Handlung ernsteren Charakters handelt.

§ 88

Aus folgenden Gründen kann eine weniger einschneidende Maßregel verhängt oder den Umständen nach von der Verhängung einer Maßregel abgesehen werden:

1. wenn der Täter in entschuldbarer Unkenntnis oder in entschuldbarem Mißverständnis rechtlicher Vorschriften gehandelt hat, die die Vornahme der Handlung gebieten oder verbieten,
2. wenn der Täter die Grenzen der rechtmäßigen Notwehr oder des Notrechts überschritten hat,
3. wenn die Tat in der Erregung über einen unrechtmäßigen Angriff oder eine schwere Beleidigung seitens des Verletzten oder sonst unter dem Einfluß einer starken Gemütsbewegung oder in einem Zustand vorübergehender Störung des psychischen Gleichgewichts begangen worden ist,
4. wenn der Täter sich durch seine Abhängigkeit von einem anderen oder durch Androhung erheblichen Schadens zu der Tat hat bewegen lassen,
5. wenn der Täter nur einen weniger wesentlichen Beistand zur Tat leisten oder einen bereits gefaßten Entschluß bestärken wollte,
6. wenn die Tat nicht vollendet ist, namentlich wenn der Täter freiwillig und nicht infolge zufälliger Hindernisse, die sich der Ausführung der Tat oder der Erreichung des mit ihr beabsichtigten Zweckes entgegenstellen, die Ausführung aufgibt oder die Vollendung verhindert oder zu verhindern versucht,
7. wenn der Täter nach Vollendung der Tat die sich aus seiner Handlung ergebende Gefahr freiwillig abgewendet oder den durch die Tat verursachten Schaden wiedergutgemacht oder es versucht hat,
8. wenn der Täter sich freiwillig selbst angezeigt und ein volles Geständnis abgelegt hat,
9. wenn sonst besondere Umstände für eine mildere Beurteilung der Tat sprechen.

§ 89

Ergibt sich in einer zur Aburteilung vorliegenden Sache, daß ein Delikt unter Umständen begangen worden ist, die sowohl unter § 87 wie unter

§ 88 fallen, so trifft das Gericht seine Entscheidung auf Grund einer Gesamtwürdigung der Umstände des Falles.

§ 90

Abs. 1. Die im § 85 Ziffer 3—9 genannten Maßregeln können entweder unter Angabe eines Höchstmaßes, über das hinaus die Maßregel nicht erstreckt werden kann, oder auf unbestimmte Zeit verhängt werden. In den Fällen des § 102 Ziffer 2 ist die Maßregel aber stets unter Angabe eines Höchstmaßes zu verhängen.

Abs. 2. Wird im Urteil ein Höchstmaß für die betreffende Maßregel festgesetzt, so darf dieses in keinem Falle 10 Jahre übersteigen.

Abs. 3. Die Verhängung einer Maßregel auf unbestimmte Zeit ist nur zulässig, wenn dies nach den vorliegenden Ermittlungen geboten erscheint, um den Anforderungen des § 86 Abs. 2 zu genügen.

Abs. 4. Vor der Verhängung einer Maßregel nach Abs. 1 sollen zwecks Beurteilung der Frage, welche[1]) Maßregeln im vorliegenden Fall geeignet erscheinen, möglichst eingehende Ermittlungen über den Angeklagten angestellt werden.

§ 91

Einem zu Zwangsarbeit, Zwangsausbildung, Verwahrung oder anderen besonders einschneidenden Maßregeln Verurteilten ist vom Gericht ein dazu geeigneter und bereiter Beistand zu bestellen, den Umständen nach aus dem Kreise seiner nächsten Angehörigen.

§ 92

Abs. 1. Auf Veranlassung der Anklagebehörde, des Verurteilten oder des Beistandes kann das Gericht nach Einholung einer Erklärung von Personen oder Institutionen, die Einblick in die Verhältnisse des Verurteilten haben, während des Vollzuges jederzeit die ursprüngliche oder später abgeänderte Entscheidung über die Art der Maßregel ändern oder die Maßregel probeweise oder endgültig aufheben. Ist ein Höchstmaß festgesetzt, so kann die Maßregel jedoch nicht darüber hinaus erstreckt werden. Ebensowenig kann eine wesentlich einschneidendere Maßregel angeordnet werden, es sei denn, daß das ursprüngliche Urteil einen dahingehenden Vorbehalt enthält.

Abs. 2. Wird einem Antrag des Verurteilten oder des Beistandes auf Aufhebung oder Änderung der Maßregel vom Gericht nicht entsprochen, so kann ein neuer Antrag erst nach Ablauf eines Jahres gestellt werden, es sei denn, daß besondere Umstände für eine kürzere Frist sprechen.

Abs. 3. Ist eine Maßregel auf unbestimmte Zeit verhängt worden, so hat die Anklagebehörde spätestens 3 Jahre nach Erlaß des Urteils und alsdann jedes zweite Jahr zu veranlassen, daß die Frage nach Art und Dauer der Maßregel dem Gericht vorgelegt wird.

§ 93

Gelangen während des Vollzuges einer Maßregel neue Gesetzesverletzungen zur Aburteilung, so ist die Frage nach Änderung der getroffenen Entscheidung in Verbindung mit dem neuen Verfahren zu prüfen.

---

[1]) Siehe die Anmerkung zu § 86.

ZWEITER ABSCHNITT

Die einzelnen Maßregeln

Kapitel 24

Verwarnung

§ 94

Stellt das Gericht die Schuld des Angeklagten fest, ist es aber der Auffassung, daß es weder angebracht ist, eine der folgenden Maßregeln zu verhängen noch von der Anordnung einer Maßregel ganz abzusehen, so kann es den Angeklagten zu einer Verwarnung verurteilen.

Kapitel 25

Geldbuße

§ 95

Abs. 1. Eine Geldbuße, die auf Grund dieses Gesetzes verhängt wird, fällt an die Staatskasse.

Abs. 2. Bei der Festsetzung einer Geldbuße ist neben den im § 86 Abs. 2 genannten Umständen die Zahlungsfähigkeit des Täters zu berücksichtigen.

§ 96

Abs. 1. Das Gericht kann für die Bezahlung einer Geldbuße eine Frist bewilligen.

Abs. 2. Ratenweise Bezahlung kann von der Anklagebehörde bewilligt werden.

Abs. 3. Wird eine Geldbuße nicht bezahlt, so ist sie nach den Vorschriften des Kapitels 7 des Gesetzes Nr. 271 vom 14. Juni 1951 über die Rechtspflege in Grönland beizutreiben.

Abs. 4. Kann eine Geldbuße nicht beigetrieben werden, so kann das Gericht Zwangsarbeit mit der Maßgabe anordnen, daß dem Verurteilten der für derartige Arbeiten übliche Lohn berechnet und dieser zur Bezahlung der Geldbuße verwandt wird.

Abs. 5. Die Vorschriften des Abs. 2 und 3 finden auch auf Geldbußen Anwendung, die vor einer Verwaltungsbehörde angenommen werden.

Kapitel 26

Schutzaufsicht

§ 97

Abs. 1. Schutzaufsicht kann als einzige Maßregel, namentlich über junge Menschen und solche, die Anpassungsschwierigkeiten haben, verhängt werden, wenn die Rücksicht auf die allgemeine Sicherheit nicht die Anordnung einschneidenderer Maßregeln erfordert.

Abs. 2. Bei der Verhängung der im § 85 Ziffer 4—9 genannten Maßregeln soll in der Regel zugleich eine Bestimmung über Schutzaufsicht getroffen werden.

§ 98

Wo ein Maßregelnausschuß[1]) besteht, übt dieser die Schutzaufsicht aus; er kann die Ausübung einer dazu geeigneten und bereiten Person übertragen. Besteht kein Maßregelnausschuß, so wird die Schutzaufsicht von einer dazu geeigneten und bereiten Person ausgeübt, die vom Gericht bestellt wird.

§ 99

Abs. 1. Das Gericht kann die Bedingungen festsetzen, die es zur Durchführung der Schutzaufsicht für erforderlich hält.

Abs. 2. Hält der Verurteilte die festgesetzten Bedingungen nicht inne, so kann die Frage nach Änderung der getroffenen Maßregel nach den Vorschriften des § 92 beim Gericht eingebracht werden.

Kapitel 27

Anweisung oder Verbot des Aufenthalts an bestimmten Orten

§ 100

Aufenthalt an einem bestimmten Ort kann angewiesen werden, wenn der Täter dort beheimatet ist oder ihm dort Wohnung und geeignete Arbeit beschafft werden kann und Grund zu der Annahme besteht, daß sein Verbleiben in der Umgebung, in der er sich zur Zeit der Gesetzesverletzung befand, ihn in besonderem Maße der Gefahr aussetzt, Delikte zu begehen.

§ 101

Aufenthalt an bestimmten Orten, z. B. Hafengebieten, öffentlichen oder privaten Lagerplätzen oder Schiffen, kann verboten werden, wenn die Umstände, unter denen die Tat begangen worden ist, davon zeugen, daß der Zugang des Verurteilten zu den betreffenden Orten ihn in besonderem Maße der Gefahr aussetzt, Delikte zu begehen.

Kapitel 28

Zwangsarbeit

§ 102

Zwangsarbeit kann angeordnet werden

1. wenn die Tat als Ausfluß eines Hanges des Täters zum Müßiggang und zu ungeordneter Lebensführung anzusehen ist oder seiner Abneigung entspringt, sich durch ehrbare Arbeit zu ernähren,

2. wenn die Rücksicht auf das Interesse der Allgemeinheit, Gesetzesverletzungen zu bekämpfen, es erfordert und andere Maßregeln nicht geeignet erscheinen.

§ 103

Abs. 1. Zwangsarbeit wird gegen Entgelt für den Staat oder die Gemeinde ausgeführt. Das Gericht bestimmt, inwieweit das Entgelt zur Bezahlung einer Geldbuße oder zum Schadensersatz zu verwenden ist.

Abs. 2. Die Anklagebehörde kann bestimmen, wie der Lohn, der dem Verurteilten zukommt, zu verwalten ist und welcher Betrag seiner Familie während des Vollzuges auszuzahlen ist.

---

1) Kapitel 34.

Zweiter Teil: Von den Rechtsfolgen der Delikte

Kapitel 29

Zwangsausbildung

§ 104

Zwangsausbildung kann angeordnet werden, wenn das Gericht dauernde Maßregeln der Erziehung und Ausbildung für zweckdienlich hält.

§ 105

Abs. 1. Zwangsausbildung erfolgt bei einer hierzu behördlich anerkannten Person oder Institution, die Fischerei, Viehzucht[1]), ein Handwerk oder ein anderes nützliches Gewerbe betreibt.

Abs. 2. Im Urteil ist zu bestimmen, wo der Verurteilte sich während der Ausbildung aufzuhalten hat.

Abs. 3. Bei der Wahl des Gewerbes, in dem die Ausbildung stattfinden soll, ist größtmögliche Rücksicht auf die Fähigkeiten und die frühere Ausbildung des Täters zu legen.

Kapitel 30

Arzt- oder Anstaltsbehandlung

§ 106

Abs. 1. Befindet sich der Täter in einem Zustand psychischer Abnormität, einschließlich geschlechtlicher Anomalien oder eines durch Mißbrauch von Alkohol, narkotischen Mitteln oder anderen Medikamenten hervorgerufenen Zustandes, so kann, wenn dies aus Gründen der Rechtssicherheit geboten ist, durch Urteil bestimmt werden, daß er in einer Anstalt oder einem Krankenhaus oder in Verwahrung (§ 107) unterzubringen ist. In Fällen, in denen eine Behandlung in anderer Form ausreichend erscheint, kann solche Behandlung angeordnet werden.

Abs. 2. Ist sonst anzunehmen, daß die Kriminalität des Täters einen besonderen Zusammenhang mit einem krankhaften Zustand hat, der ärztliche Behandlung erfordert, so kann er dazu verurteilt werden, sich solcher Behandlung zu unterziehen.

Abs. 3. Die hier genannten Maßregeln können nur nach Einholung eines ärztlichen Gutachtens verhängt werden.

Kapitel 31

Verwahrung

§ 107

Verwahrung kann angeordnet werden, wenn der Täter als gewerbs- oder gewohnheitsmäßiger oder besonders gefährlicher Verbrecher zu bezeichnen ist und die Rücksicht auf die allgemeine Sicherheit es erfordert.

§ 108

Abs. 1. Verwahrung wird in einem Gebäude oder Lager vollzogen, wo die Möglichkeit besteht, den Täter von der Umwelt abgesondert zu halten.

Abs. 2. Der Täter darf vom Umgang mit anderen Menschen nur abge-

[1]) Hauptsächlich Schafzucht.

sondert werden, soweit es die Rechtssicherheit erfordert, und ist nach Möglichkeit mit einer Arbeit zu beschäftigen, zu der er sich eignet, oder, wenn dies angebracht ist, zu einem für ihn geeigneten Gewerbe anzulernen.

§ 109

Die Vorschriften des § 103 über Lohnauszahlung und -abzüge gelten entsprechend. Auch die Aufenthalts- und Verpflegungskosten sind abzuziehen.

Kapitel 32

Andere Beschränkungen der Handlungsfreiheit

§ 110

Bürgerliche Rechte können nicht verloren werden. Ein Verurteilter kann aber von der Ausübung einer Tätigkeit ausgeschlossen werden, für die eine besondere behördliche Ermächtigung oder Genehmigung erforderlich ist, wenn das an den Tag gelegte Verhalten die naheliegende Gefahr eines Mißbrauchs der Stellung oder des Berufs begründet. Unter der gleichen Voraussetzung kann demjenigen, der bereits eine solche Tätigkeit ausübt, das Recht hierzu durch Urteil aberkannt werden, und wenn besondere Umstände dafür sprechen, kann ihm auch das Recht zur Ausübung einer Tätigkeit anderer Art aberkannt werden.

§ 111

Abs. 1. Ist die Tat unter der Einwirkung von Alkohol begangen worden oder ist der für die Tat Verantwortliche dem Trunk ergeben, so kann dem Verurteilten im Urteil auferlegt werden, keine geistigen Getränke zu sich zu nehmen oder sich zu verschaffen.

Abs. 2. Die Polizeibehörde hat, soweit möglich, Gastwirten, Händlern und Lieferanten[1]) aufzuerlegen, einem nach Abs. 1 Verurteilten keine geistigen Getränke zu verschaffen.

§ 112

Wird jemand, der seinen Wohnsitz nicht in Grönland hat, wegen einer Gesetzesverletzung verurteilt, so kann, wenn besondere Umstände dafür sprechen, im Urteil angeordnet werden, daß er sich nicht in Grönland aufhalten darf.

Kapitel 33

Einziehung

§ 113

Abs. 1. Durch Urteil können, soweit nicht ausdrücklich etwas anderes bestimmt ist, zugunsten der Staatskasse eingezogen werden

1. Gegenstände, die durch ein Delikt hervorgebracht oder zur Begehung einer vorsätzlichen Gesetzesverletzung gebraucht oder bestimmt sind, soweit sie dem für die Tat Verantwortlichen gehören,

2. Gegenstände, von denen anzunehmen ist, daß sie zu einem verbrecherischen Zweck bestimmt sind, wenn ihre Einziehung aus Gründen der Rechtssicherheit erforderlich erscheint,

---

[1]) Gemeint sind die nicht „Handel" treibenden Konsumvereine und dergl.

3. der durch ein Delikt erzielte Gewinn, soweit niemand einen Rechtsanspruch darauf hat, oder ein entsprechender Geldbetrag.

Abs. 2. Gegenstände, die von wesentlicher Bedeutung für die Ausübung eines redlichen Erwerbs durch den Täter sind, dürfen nicht eingezogen werden, es sei denn, daß ganz besondere Umstände dafür sprechen.

Abs. 3. Die Polizeibehörde entscheidet über die Behandlung der nach Abs. 1 Ziffer 2 eingezogenen Gegenstände. Im übrigen ist das eingezogene Gut, soweit jemand durch die Tat geschädigt worden und von dem Verurteilten nicht auf andere Weise Ersatz zu erlangen ist, zur Befriedigung des Schadensersatzanspruchs mit der Maßgabe zu verwenden, daß dieser dem Anspruch des Staates vorgeht.

Kapitel 34
Maßregelnausschuß

§ 114

Abs. 1. Auf Anordnung des Ministerpräsidenten kann für jeden Rechtskreis[1]) ein Maßregelnausschuß errichtet werden, der aus mindestens 3 und höchstens 5 Personen besteht. Es kann bestimmt werden, daß zwei oder mehrere Rechtskreise einen gemeinsamen Maßregelnausschuß haben.

Abs. 2. Von den Mitgliedern des Maßregelnausschusses wird eines von der Gemeindeverwaltung oder den Gemeindeverwaltungen innerhalb des Zuständigkeitsbereichs des Ausschusses gewählt. Die übrigen Mitglieder, unter denen sich möglichst ein Arzt und eine im Fürsorge-, Kirchen- oder Unterrichtswesen beschäftigte Person befinden soll, werden vom Landeshauptmann[2]) nach Verhandlung mit dem Landrichter[3]) ernannt. Die Mitglieder des Ausschusses fungieren jeweils für 4 Jahre. Das Amt ist ein bürgerliches Ehrenamt.

§ 115

Aufgabe des Maßregelnausschusses ist es

1. in Sachen, von denen anzunehmen ist, daß Maßregeln nach § 85 Ziffer 3—9 in Frage kommen, eine besondere Untersuchung zu dem Zwecke vorzunehmen, das frühere und jetzige Verhalten des Beschuldigten im Hause, in der Schule und in der Arbeit, seinen körperlichen und geistigen Zustand und andere Umstände zu ermitteln, die für die Entscheidung von Bedeutung sein können, sowie dem Gericht eine Erklärung darüber abzugeben, welche[4]) Maßregeln im vorliegenden Fall geeignet erscheinen,

2. die Schutzaufsicht nach Kapitel 26 auszuüben,

3. dem Gericht Vorschläge über die Änderung oder Aufhebung von Maßregeln zu machen, die der Ausschuß nicht mehr für angebracht hält.

§ 116

Der Ausschuß soll möglichst frühzeitig von der Anklagebehörde über das Verfahren unterrichtet und in die Lage versetzt werden, sich von den

---

[1]) Nach Kapitel 1 § 5 des Rechtspflegegesetzes für Grönland besteht in jeder Gemeinde ein Amtsgericht, es können aber mehrere Gemeinden zu einem Rechtskreis vereinigt werden.

[2]) Der oberste Verwaltungsbeamte in Grönland.

[3]) Siehe die Einleitung S. 7.

[4]) Siehe die Anmerkung zu § 86.

Ermittlungen, die etwa schon durch polizeiliche Nachforschungen erfolgt sind, Kenntnis zu verschaffen. Er soll von den gerichtlichen Terminen, die späterhin in der Sache abgehalten werden, benachrichtigt werden und kann sich auch in nichtöffentlichen Terminen vertreten lassen.

Kapitel 35

Andere Bestimmungen

§ 117

Abs. 1. Die in noch geltenden Bestimmungen enthaltenen Vorschriften über Geldbuße, Einziehung oder andere, weniger einschneidende Maßregeln bleiben mit den Änderungen in Kraft, die sich aus den Kapiteln 1—4 und 22—34 dieses Gesetzes ergeben. Für fahrlässige Zuwiderhandlungen gegen derartige Bestimmungen ist der Täter aber in gleichem Umfange wie bisher verantwortlich.

Abs. 2. Bestimmungen, die in Übereinstimmung mit bisheriger Praxis erlassen werden, einschließlich Landesrats- und Gemeindeverordnungen, können Vorschriften über die Verhängung von Verwarnung, Geldbuße, Verbot des Aufenthalts an bestimmten Orten, Einziehung und Aberkennung des Rechts zur Ausübung eines Gewerbes, zur Führung eines Fahrzeugs oder Kraftfahrzeugs oder eines ähnlichen Rechts, das auf behördlicher Ermächtigung beruht, enthalten.

§ 118

Die Kapitel 23—24 dieses Gesetzes finden auf Maßregeln Anwendung, die vor dem Inkrafttreten des Gesetzes verhängt worden sind, jedoch mit der Maßgabe, daß der Verurteilte dadurch nicht ungünstiger als nach dem zuerst erlassenen Urteil gestellt werden darf.

§ 119

Die näheren Bestimmungen über den Vollzug von Maßregeln werden vom Ministerpräsidenten getroffen.

§ 120

Mit dem Inkrafttreten dieses Gesetzes fallen fort: das Regulativ vom 20. April 1928 über Tierschutz, das Regulativ vom 24. März 1934 über Einschränkungen des Gebrauchs von Schußwaffen durch Kinder sowie § 3 Abs. 1 c des Gesetzes Nr. 271 vom 27. Mai 1950 über Grönlands Landesrat und Gemeindeverwaltungen usw. und ferner § 13 Abs. 1 Ziffer 5 des Gesetzes Nr. 277 vom 27. Mai 1950 über die Ausübung eines Gewerbes in Grönland, sowie alle Bestimmungen, die etwa sonst mit diesem Gesetz im Widerspruch stehen.

§ 121

Abs. 1. Der Zeitpunkt des Inkrafttretens[1]) des Gesetzes wird durch königliche Anordnung bestimmt. Auch die erforderlichen Übergangsbestimmungen ergehen durch Anordnung.

---

[1]) Das Gesetz ist am 15. Juli 1954 in Kraft getreten.

Abs. 2. Das Gesetz ist im Folketingsjahr[1]) 1959—1960 einer Revision zu unterziehen. Der Revisionsentwurf ist mit einem auf regelmäßigen Untersuchungen beruhenden Bericht darüber zu versehen, wie das Gesetz in der verflossenen Periode gewirkt hat.

§ 122

Abs. 1. Die bisher geltenden Vorschriften für Nord- und Ostgrönland bleiben bis auf weiteres in Kraft.

Abs. 2. Dieses Gesetz kann durch königliche Anordnung mit den etwa erforderlichen Erleichterungen auf Nord- und Ostgrönland ausgedehnt werden.

1) Siehe die Anmerkung zu § 14 Abs. 1. Das Folketingsjahr beginnt jeweils am ersten Dienstag des Oktobers.

Vergleichende Gegenüberstellung der Paragraphen

des Kriminalgesetzbuchs für Grönland	des dänischen Strafgesetzbuchs	des Kriminalgesetzbuchs für Grönland	des dänischen Strafgesetzbuchs
1	1	50	213
2	2	51	216, 217, 218
3	3	52	219, 220, 223
4	6, 7, 10, 12	53	222
5	13	54	223
6	14	55	228, 229
7	19, 20	56	232, 234
8	21	57	237, 239, 240
9	23	58	241
10	15	60	244, 245, 246, 249
11	98, 99, 102, 103, 105, 106	61	185, 250, 253
12	107, 108	62	251
13	109, 110, 110 a	63	255
14	111, 113, 114	64	252, 254
15	116, 117	66	260
16	119, 121	67	215, 261, 262
17	122	68	263, 265
18	124, 125	69	264
19	127	70	266
20	129	71	267, 269, 270, 273
21	130, 131	72	276
22	132	73	277
23	135	74	278, 279
24	138	75	280
25	139, 194	76	283
26	141, 142, 143	77	282
27	144	78	284, 303
28	155	79	291
29	152	80	293
30	156, 157	81	294
31	158, 159, 160	82	25
32	162, 163	83	92, 94
33	164, 165	86	80
34	166, 167, 168	88	22, 23, 84, 85
35	171, 173, 174	91, 92	70
36	175	95	50, 51
37	176	96	52
38	178, 179	99	58
39	181, 182	102	62
40	184, 186, 193	104	41
42	256	106	16, 17, 70
43	192	107	65
44	197, 198, 199	110	78, 79
45	203, 204	111	72
46	206	112	76
47	201	113	77
48	208	115, 116	56
49	209, 210	119	49

FSC
www.fsc.org
MIX
Papier | Fördert gute Waldnutzung
FSC® C083411

Kolibri 360 GmbH
Ferdinand-Jühlke-Straße 7
99095 Erfurt, Deutschland
produktsicherheit@kolibri360.de